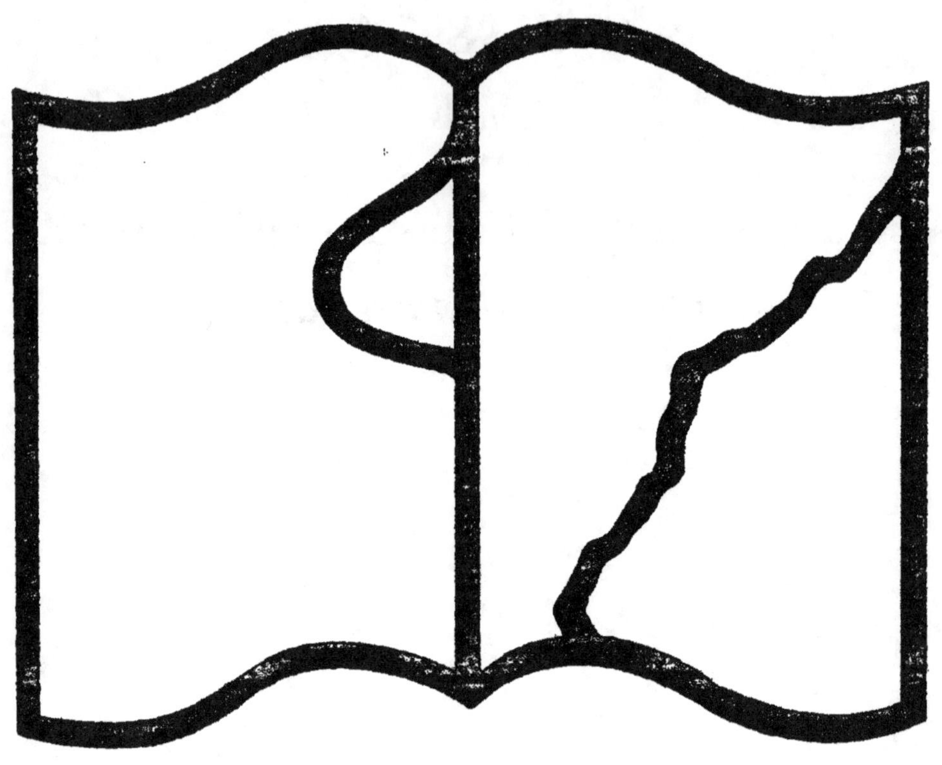

Texte détérioré — reliure défectueuse

NF Z 43-120-11

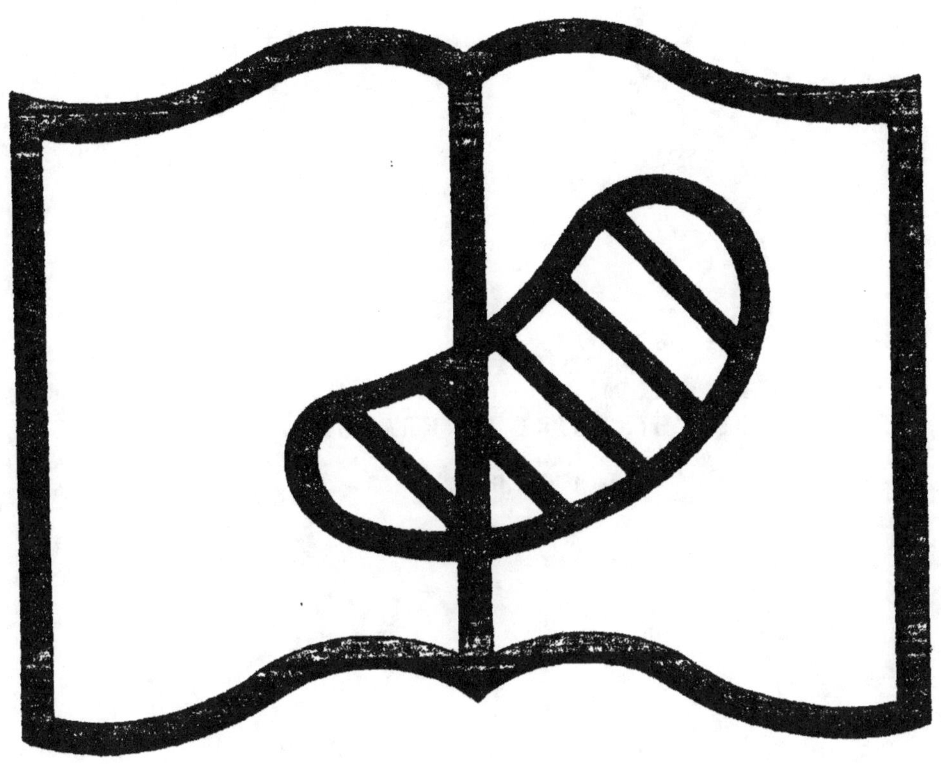

**Symbole applicable
pour tout, ou partie
des documents microfilmés**

Original illisible

NF Z 43-120-10

# LA SOCIÉTÉ
DE L'HISTOIRE DE FRANCE

DE 1833 A 1884.

LA SOCIÉTÉ

DE

L'HISTOIRE DE FRANCE

DE 1855 A 1884

PAR

CH. JOURDAIN

MEMBRE DE L'INSTITUT.

PARIS
1884

LA SOCIÉTÉ

DE L'HISTOIRE DE FRANCE

DE 1833 A 1884.

I.

Le dix-neuvième siècle est assurément celui où les annales
de l'histoire nationale ont été, dans notre pays, l'objet des
études les plus nombreuses, les plus étendues et les plus
profondes. Est-ce une simple curiosité et le pur amour de la
science qui ont inspiré ce généreux élan vers le passé de la
France? Ou bien est-ce l'idée et l'espérance de trouver dans
les âges qui ont précédé le nôtre des exemples qui servent de
leçon au présent? Ou encore, au milieu de tant de convulsions
politiques, est-ce l'attrait puissant des satisfactions intimes
que présentent pour tous les esprits, et surtout pour les esprits
désabusés, l'étude paisible des manuscrits et des anciens
monuments, et le culte des vieux souvenirs? A quelque
mobile que, depuis le commencement du siècle, plus d'une
génération de laborieux investigateurs ait obéi, un immense
effort a été tenté, de grands travaux ont été accomplis.
D'une extrémité du territoire à l'autre, on a exploré les
bibliothèques et les archives, dressé le catalogue de leurs
richesses, tiré de la poussière nombre d'ouvrages qui ne
méritaient pas un éternel oubli, publié des chroniques, des
cartulaires, des correspondances, des journaux et des
mémoires, qui ont enrichi la science en permettant de com-

bler des lacunes, de rectifier des erreurs presque séculaires, de mieux pénétrer le sens des lois et des coutumes, de rétablir partout la vérité des faits et des physionomies. Les Bénédictins, et avant eux André Duchesne, avaient compris la grandeur de cette œuvre et s'y étaient dévoués avec une érudition et une patience dont la postérité leur sera toujours reconnaissante; mais la tâche a été reprise de nos jours sur une plus grande échelle, avec des moyens d'information plus puissants. Le succès a répondu aux efforts de ceux qu'elle avait séduits par sa grandeur, et que ses difficultés n'avaient pas arrêtés. L'histoire générale et l'histoire locale, l'histoire des événements et des institutions, celle de la langue et de ses variations, les arts, les sciences et leurs vicissitudes, tout ce vaste domaine qui s'ouvre à l'activité de l'historien, ont été creusés, et creusés à fond, avec méthode et sagacité. Grâce à tant d'efforts, la France, mieux qu'à aucune autre époque, a pu acquérir la connaissance de sa propre histoire, c'est-à-dire se connaître elle-même ; car on ne saurait dire qu'un peuple se connaît quand il ignore son passé.

Pour créer, pour propager et pour entretenir ce salutaire mouvement d'études, il a sans doute fallu le concours de bien des volontés aussi éclairées que persévérantes; osons le dire cependant, il doit principalement, sinon sa naissance, du moins sa durée, ses progrès, sa fécondité, à deux fondations qui sont nées de la même pensée, et qui datent l'une et l'autre des premières années de la monarchie de Juillet : 1° le COMITÉ DES TRAVAUX HISTORIQUES, institué au ministère de l'Instruction publique par les soins de M. Guizot, avec la mission de diriger la recherche et la publication des documents inédits sur l'histoire de la France ; 2° la SOCIÉTÉ DE L'HISTOIRE DE FRANCE.

Anciennement, à la vérité, il existait dans quelques départements des sociétés particulières, qui s'occupaient d'histoire et d'archéologie, et dont il serait injuste de méconnaître l'application intelligente, le savoir et les services. Mais ces sociétés s'adonnaient principalement aux antiquités locales; elles n'avaient d'ailleurs ni les ressources, ni les moyens d'influence nécessaires pour étendre utilement leur activité sur tous les points du territoire national. Ce qui a été entrepris à Paris en l'année 1833 avait une portée plus générale et plus haute, vraiment digne d'un pays tel que la France, et du gouvernement libéral qui présidait alors à nos destinées.

Nous n'avons pas à raconter les destinées du Comité des travaux historiques; mais il nous sera permis de parler, non sans quelque fierté, des œuvres accomplies, dans une voie parallèle, par la Société de l'Histoire de France. Ce rapide, mais fidèle récit, fera voir à quels résultats peut arriver, avec les seules cotisations de ses membres, et quelques centaines de francs ou quelques minimes souscriptions annuellement accordés par l'État, une société siégeant à Paris, dont l'organisation a été réglée par des hommes d'expérience et de sage conseil, qui s'est toujours montrée déférente envers l'autorité publique et ne l'a jamais contrariée, mais qui ne relève que d'elle-même; qui, sans distinction de partis, ouvre ses rangs à tous les hommes de bonne volonté, met tout à profit, et les conseils des uns, et les travaux personnels des autres, et le zèle de tous; une société qui ne recherche pas les succès bruyants, ni les applaudissements de la foule; qui ne prétend pas éblouir, mais instruire, et qui ne veut recueillir, pour prix de ses sacrifices, que la conscience du bien qu'elle a fait et l'estime du monde savant.

Il y a un demi-siècle, on reprochait à la France, si riche dans plusieurs genres de littérature, de ne pas posséder comme d'autres pays, comme l'Angleterre par exemple, un grand ouvrage historique embrassant toutes les époques et tous les évènements de la vie nationale. On expliquait le fait de différentes manières. Quelques-uns l'attribuaient au caractère de la nation, caractère un peu vain, disaient-ils.

plus favorable à la composition de mémoires dans lesquels l'auteur se met lui-même en scène, qu'à celle de gros volumes consacrés aux actions des ancêtres pendant une longue suite de siècles. D'autres gardaient plus de confiance dans le génie national, et ne désespéraient pas que, tôt ou tard, ce noble génie ne se montrât, dans le genre historique, égal à ce qu'il était dans les autres genres de composition littéraire. Mais les grands historiens sont aussi rares que les grands poëtes, et la nature seule possède la vertu de les produire. Toutefois, comme ils ne trouvent pas en eux-mêmes, ainsi que le poëte et l'artiste, les éléments de l'œuvre qu'ils ont rêvée, comme ils ont besoin, pour la construire, de matériaux étrangers, ne convient-il pas de leur procurer ces matériaux, de mettre à leur portée les documents originaux et authentiques, sauvegarde contre l'erreur : en d'autres termes, de réunir comme dans un faisceau toutes les lumières propres à éclairer les pas du futur historien ? N'était-ce pas, il y a un demi-siècle, comme c'est encore aujourd'hui, le plus grand service qui pût être rendu, en France, aux études historiques? Telle fut alors l'opinion de quelques amis de ces belles études, esprits judicieux, ennemis des projets chimériques, versés, pour la plupart, dans la pratique des affaires, et qui, s'étant réunis en comité le 27 juin 1833, adoptèrent, comme règlement provisoire, les dispositions suivantes :

ART. 1er. Une Société littéraire est instituée pour la publication des *Documents originaux de l'Histoire de France*.

ART. 2. Elle prend le nom de SOCIÉTÉ DE L'HISTOIRE DE FRANCE.

ART. 3. Le nombre de ses membres est illimité.

ART. 4. Elle est dirigée par un Conseil d'administration nommé par la Société.

ART. 5. Les membres de la Société contribuent à ses dépenses par une souscription annuelle de trente francs.

ART. 6. Les fonds provenant de ces souscriptions seront affectés à la publication des documents relatifs à l'histoire nationale et aux dépenses générales d'administration.

Art. 7. Le choix des documents à publier et l'ordre de leur publication seront déterminés par le Conseil.

Art. 8. Les membres souscripteurs auront droit à un exemplaire, au prix de fabrication, de tous les ouvrages publiés par la Société. Le surplus des volumes sera mis dans le commerce ; le produit des ventes sera versé dans la caisse de la Société.

Art. 9. Il sera publié un recueil périodique relatif à l'objet des travaux de la Société ; ce recueil sera adressé gratuitement à tous les membres.

Art. 10. Un règlement général sera ultérieurement rédigé et discuté dans la première assemblée de la Société.

Cette assemblée aura lieu dès que le nombre des membres inscrits s'élèvera à cent.

Art. 11. En attendant, le Comité des fondateurs restera chargé de l'administration ; ce Comité pourra appeler à concourir à ses travaux préparatoires autant de nouveaux membres qu'il le jugera nécessaire. lesquels seront pris parmi les souscripteurs inscrits.

Art. 12. Après la formation de la Société, il y aura chaque année une assemblée générale, dans laquelle il sera rendu compte des travaux du Conseil, de la recette et de l'emploi des fonds, et de tout ce qui intéresse la Société.

Art. 13. D'autres assemblées générales auront lieu toutes les fois que les intérêts de la Société l'exigeront.

Art. 14. Les membres de la Société auront droit de séance dans toutes les réunions du Conseil d'administration.

Délibéré à Paris, le 27 juin 1833, par les membres composant le Comité des fondateurs :

MM.

Guizot, membre de l'Institut, ministre de l'Instruction publique.

Thiers, membre de l'Institut, ministre du Commerce et des Travaux publics.

Baron Pasquier, président de la Chambre des Pairs.

Baron de Barante, membre de l'Institut, pair de France.

Comte Molé, pair de France.

Aug. Périer, pair de France.

Vicomte Arth. Beugnot, membre de l'Institut.

Éd. Bertin, inspecteur des Beaux-Arts.

Champollion-Figeac, conservateur au département des Manuscrits de la Bibliothèque du Roi.

Crapelet, membre de la Société royale des Antiquaires.

Fauriel, professeur à la Faculté des lettres de Paris.

Marquis de Fortia d'Urban, membre de l'Institut.

Guérard, membre de l'Institut.

Letronne, membre de l'Institut, directeur de la Bibliothèque royale.

Marquis Le Ver, membre de la Société des Antiquaires de Normandie.

Mignet, membre de l'Institut.

Monmerqué, membre de l'Institut.

Raynouard, membre de l'Institut.

Teulet, ancien élève pensionnaire de l'École des chartes.

Vitet, inspecteur des monuments historiques et antiquités nationales.

Nous aimons à rappeler ces noms des fondateurs de notre Société : ce sera son éternel honneur d'avoir eu de tels parrains. Après avoir présidé à sa naissance, ils ont dirigé ses premiers pas dans la voie qu'ils avaient eux-mêmes tracée ; depuis, ils n'ont jamais cessé d'encourager ses efforts et d'applaudir à ses succès. Elle leur doit, avec l'existence, la juste considération que l'opinion publique lui a dès le premier jour accordée, et qu'elle ne cessera pas, nous l'espérons, de mériter.

L'appel adressé par le Comité des fondateurs aux hommes de science et d'étude fut entendu. Une année ne s'était pas écoulée, et la nouvelle Société avait recueilli des adhésions dans les rangs de l'Institut, de la magistrature, des sociétés savantes, dans ceux de l'Université, de l'administration publique, de toutes les professions libérales. Ces adhésions ayant porté le nombre de ses membres bien au delà de cent, le moment était venu, aux termes de l'article 10 du règlement provisoire, de déclarer la Société constituée et de convoquer une assemblée générale qui arrêtât le règlement définitif. L'assemblée eut lieu le 23 janvier 1834, rue Taranne, dans la salle où la Société asiatique tenait alors ses séances. Elle fut présidée par le vénérable marquis de Fortia d'Urban, président du Comité des fondateurs, qui, malgré son grand âge, avait accueilli avec une ardeur juvénile la pensée de faire connaître au pays ses richesses historiques. Sur la proposition des fondateurs, les membres présents adoptèrent à une grande majorité le règlement suivant, que nous croyons utile de reproduire, bien qu'il diffère peu du règlement actuel, réimprimé chaque année. Nos confrères les plus nouveaux y verront quels soins prévoyants, je pourrais dire minutieux, les fondateurs avaient pris afin d'assurer, pour un long avenir, la bonne gestion des intérêts moraux et financiers de leur Société.

TITRE Iᵉʳ. — BUT DE LA SOCIÉTÉ.

ART. 1ᵉʳ. Une Société littéraire est instituée sous le nom de SOCIÉTÉ DE L'HISTOIRE DE FRANCE.

ART. 2. Elle se propose de publier :

1° Les documents originaux relatifs à l'histoire de France, pour les temps antérieurs aux États généraux de 1789;

2° Des traductions de ces mêmes documents, lorsque le Conseil le jugera utile;

3° Un Bulletin dans lequel il sera rendu compte des travaux de la Société et des autres publications relatives à l'histoire de France.

ART. 3. Elle entretient des relations avec les savants nationaux ou étrangers qui se livrent à des travaux analogues aux siens, et nomme à cet effet des associés correspondants.

TITRE II. — ORGANISATION DE LA SOCIÉTÉ.

ART. 4. Le nombre des membres de la Société est indéterminé. On en fait partie après avoir été présenté par un membre et avoir été admis par le Conseil.

ART. 5. Indépendamment des dons qui pourront être offerts à

la Société, chaque membre paie une cotisation annuelle de trente francs.

Art. 6. Les membres de la Société nomment un Conseil et sont convoqués au moins une fois l'an, au mois de janvier, pour entendre un rapport sur les travaux, sur l'emploi des fonds, et pour nommer les membres du Conseil.

TITRE III. — ORGANISATION DU CONSEIL.

Art. 7. Le Conseil se compose de trente membres, savoir :
Un président honoraire,
Un président,
Deux vice-présidents,
Un secrétaire,
Un secrétaire adjoint-archiviste,
Un trésorier,
Trois commissaires pour les fonds,
Vingt membres ordinaires.

Art. 8. Les membres du Conseil, à l'exception du président honoraire, sont renouvelés par tiers, à tour de rôle, chaque année. Le sort désignera, les deux premières années, ceux qui devront sortir; les membres sortants peuvent être immédiatement réélus. Le secrétaire élu continuera ses fonctions pendant trois ans.

Art. 9. L'élection des membres du Conseil a lieu à la majorité absolue des suffrages des membres présents.

Art. 10. L'assemblée générale nomme, chaque année, deux censeurs chargés de vérifier les comptes de l'année précédente et de lui en faire un rapport à l'Assemblée générale.

Art. 11. Le Conseil est chargé de la direction des travaux qui entrent dans le plan de la Société, ainsi que de l'administration des fonds.

Les décisions du Conseil pour l'emploi des fonds ne pourront être prises qu'en présence de onze membres au moins, et à la majorité absolue des suffrages.

Art. 12. Le Conseil désigne les ouvrages à publier et choisit les personnes les plus capables d'en préparer et d'en suivre la publication.

Il nomme, pour chaque ouvrage à publier, un commissaire responsable, qui sera chargé d'en surveiller l'exécution.

Le nom de l'éditeur sera placé en tête de chaque volume.

Aucun volume ne pourra paraître sous le nom de la Société sans l'autorisation du Conseil, et s'il n'est accompagné d'une déclaration du commissaire responsable, portant que le travail lui a paru mériter d'être publié.

Art. 13. Le Conseil règle les rétributions à accorder à chaque éditeur.

Un membre du Conseil ne peut être éditeur qu'à titre gratuit.

Le commissaire responsable aura droit à cinq exemplaires de l'ouvrage à la publication duquel il aura concouru.

Art. 14. Tous les volumes porteront l'empreinte du sceau de la Société.

Ils seront mis dans le commerce aux prix ordinaires; néanmoins, chaque sociétaire aura droit à un exemplaire au prix de fabrication, qui sera déterminé par le Comité.

Art. 15. Le Bulletin sera publié sous le titre de *Bulletin de la Société de l'Histoire de France*. La rédaction en sera dirigée, sous l'autorité du Conseil, par un Comité composé de cinq membres du Conseil dont les fonctions seront gratuites. Seulement le rédacteur en chef aura droit à une indemnité pour les frais de bureau. Les articles ne seront admis à l'insertion dans le Bulletin que par délibération du Comité.

Le Bulletin sera envoyé gratis à tous les sociétaires.

Art. 16. Le Conseil se réunit en séance ordinaire au moins une fois par mois.

Tous les sociétaires sont admis à ses séances, et ils y ont voix consultative.

Art. 17. Outre la souscription de trente francs payée par tous les membres de la Société, chaque membre du Conseil versera par an une somme de vingt francs. Le produit de cette contribution servira à former une masse qui sera convertie en jetons d'argent à distribuer aux membres du Conseil présents aux séances.

TITRE IV. — COMPTABILITÉ.

Art. 18. Le Conseil d'administration détermine, sur le rapport de la Commission des fonds, le *maximum*, pour l'année, des dépenses ordinaires.

Art. 19. Les dépenses extraordinaires proposées pendant le cours de l'année sont arrêtées par le Conseil d'administration, après avoir pris préalablement l'avis de la Commission des fonds.

Art. 20. Les délibérations du Conseil d'administration portant autorisation d'une dépense sont immédiatement transmises à la Commission des fonds par un extrait signé du président et du secrétaire de la Société.

Art. 21. La Commission des fonds tient un registre dans lequel sont énoncées au fur et à mesure les dépenses ainsi autorisées, avec indication de l'époque à laquelle leur payement est présumé devoir s'effectuer.

Art. 22. Dans le cas où une dépense serait arrêtée par la Société seulement en principe et sur une évaluation approximative, cette dépense sera portée pour son *maximum* au registre prescrit par l'article précédent.

Dès que le projet de dépense donne lieu à un engagement de la Société, on assigne les fonds nécessaires pour l'acquitter à l'échéance, de manière que le payement ne puisse, en aucun cas, éprouver ni incertitude, ni retard.

Art. 23. Toute somme allouée pour une dépense extraordinaire ordonnée par le Conseil reste affectée d'une manière spéciale pour l'objet désigné. Elle ne peut être détournée de sa destination et appliquée à un autre service que sur une nouvelle décision du Conseil, prise selon la forme indiquée dans l'article 19.

Art. 24. Il sera, dans la première séance des mois de juin et de décembre de chaque année, rendu un compte général de la situation de tous les travaux ordonnés, de quelque nature qu'ils puissent être, et pour lesquels il aura été ouvert des crédits ; de la dépense à laquelle ils auront donné lieu pendant les six mois précédents, et de celle que nécessitera leur entier achèvement.

Art. 25. A cet effet, le Conseil nommera, chaque année, dans la séance qui suivra la séance générale de la Société, une Commission de trois de ses membres. Cette Commission portera le titre de *Commission de surveillance pour les dépenses des publications.*

Art. 26. La Commission des fonds tient un registre dans lequel sont contenus tous ses arrêtés portant mandat de payement.

Lesdits arrêtés doivent être signés au moins de la majorité des membres de la Commission.

Art. 27. Les membres du Conseil, auteurs ou éditeurs des travaux ordonnés et non encore terminés, et les membres de la Commission des fonds ne pourront point être membres de la Commission dont la formation est prescrite par l'article 25. Les membres de ladite Commission pourront être réélus immédiatement.

Art. 28. La Commission devra se faire remettre, dans le cours du mois qui précédera la séance où elle doit faire son rapport, soit par les commissaires spéciaux chargés de veiller à l'exécution de chacun des travaux ordonnés, soit par les éditeurs, traducteurs, copistes, imprimeurs, graveurs ou autres personnes employées auxdits travaux, tous les renseignements qui devront servir de base à son rapport et en garantir l'exactitude.

Art. 29. S'il résulte du rapport de la Commission que le crédit ouvert pour un travail ordonné ne sera point dépassé, et qu'il n'excède point notablement la dépense à laquelle ce travail doit donner lieu, il n'y aura point ouverture à une délibération.

Art. 30. Dans le cas où le crédit ouvert excéderait notablement la dépense à laquelle il s'applique, le Conseil pourra réduire le crédit primitif, et appliquer le *boni* résultant de cette réduction à un autre objet.

Art. 31. Si, au contraire, il est reconnu que le crédit ouvert est insuffisant, pour quelque motif que ce soit, le Conseil devra en délibérer, à l'effet, soit de prendre les mesures convenables pour que la dépense n'excède pas le crédit primitif, soit d'ouvrir un crédit supplémentaire. Dans ce dernier cas, la Commission des fonds devra être consultée, et il ne sera ouvert un nouveau crédit, s'il y a lieu, que d'après son rapport.

Art. 32. Les dépenses seront acquittées par le trésorier sur un mandat de la Commission des fonds, accompagné des pièces de dépense visées par elle; ces mandats rappellent les délibérations du Conseil d'administration par lesquelles les dépenses ont été autorisées.

Le trésorier n'acquitte aucune dépense si elle n'a été préalablement autorisée par le Conseil, et ordonnancée par la Commission des fonds.

Art. 33. Le trésorier et les membres de la Commission des fonds se réunissent en séance particulière une fois chaque mois ; dans cette séance sont traitées toutes les affaires sur lesquelles la Commission est appelée à délibérer ; on y dresse l'état mensuel de situation des fonds, pour le présenter au Conseil d'administration. Cet état est transcrit sur le registre de la Commission, ainsi que le procès-verbal de chaque séance particulière.

Art. 34. Tous les six mois, en septembre et en mars, le Comité des fonds fait d'office connaître la situation réelle de la caisse, en indiquant les sommes qui s'y trouvent et celles dont elle est grevée, soit pour les dépenses fixes et variables, soit pour les dépenses extraordinaires, de façon que le Conseil d'administration puisse toujours savoir quelle est la quotité exacte des valeurs disponibles.

Art. 35. A la fin de l'année, le trésorier présente son compte à la Commission des fonds, qui, après l'avoir vérifié, le soumet à l'Assemblée générale, pour être arrêté et approuvé par elle.

La délibération de l'Assemblée générale sert de décharge au trésorier.

Ce règlement subit en 1835 quelques modifications de forme, qui n'en altérèrent pas sensiblement le fond. Le nombre des membres du Conseil d'administration fut porté de trente à quarante, renouvelables chaque année par quart. Les membres sortants restaient rééligibles. Au *Bulletin* qui devait continuer provisoirement de paraître, on ajouta un *Annuaire*. On abrégea et on simplifia les dispositions relatives à la comptabilité, qui avaient paru prolixes. Les membres de la Société obtinrent quelques nouveaux avantages que permettait le chiffre croissant des cotisations : ainsi il fut convenu qu'ils recevraient à l'avenir un exemplaire de tous les ouvrages publiés par

la Société, et on déchargea les membres du Conseil du sup-
plément de vingt francs qui leur avait été imposé dès l'origine pour créer un fonds à répartir en jetons de présence.
A part ces retouches, le règlement primitif n'a pas été
changé, et il est encore aujourd'hui notre loi constitution-
nelle : grande preuve de l'esprit de sagesse qui l'avait dicté,
et de l'esprit de stabilité qui nous anime. Ajoutons qu'il
a paru si bien conçu aux nouvelles sociétés historiques fon-
dées depuis un demi-siècle, que celles-ci en ont générale-
ment adopté les dispositions.

Après avoir voté le règlement de la Société, l'Assemblée
générale du 23 janvier 1834 désigna onze membres qui
devaient compléter, avec les membres fondateurs, le Conseil
d'administration. Ce furent :

MM.

HASE, membre de l'Institut, l'un des conservateurs au
département des Manuscrits de la Bibliothèque royale ;

DUREAU DE LA MALLE, membre de l'Institut ;

MAGNIN, l'un des conservateurs de la Bibliothèque royale;

REINAUD, membre de l'Institut, conservateur adjoint au
département des Manuscrits de la Bibliothèque royale ;

DESNOYERS (Jules), bibliothécaire du Muséum d'histoire
naturelle ;

Paulin PARIS, premier employé au département des
Manuscrits de la Bibliothèque royale ;

H. ROYER-COLLARD, chef de la division des sciences et
des lettres au ministère de l'Instruction publique ;

LENORMANT, conservateur adjoint au département des
Médailles de la Bibliothèque royale;

LE BER, chef de division au ministère de l'Intérieur ;

FRÉMYN, notaire;

CASTEL, notaire.

Le Conseil d'administration tint sa première séance le
10 février suivant, dans la salle du Conservatoire de la

Bibliothèque royale, d'où il émigra, quelques années après, pour se rassembler dans une des salles du palais des Archives nationales. M. le marquis de Fortia d'Urban, qui présidait, fut nommé président honoraire ; M. le baron de Barante, président ; M. Monmerqué et M. Fauriel, vice-présidents. Sur l'avis de M. Guérard, le Conseil choisit pour archiviste M. Teulet, et pour secrétaire M. Desnoyers, qui, jusque-là, s'était surtout occupé de géologie, mais qui témoignait d'un goût prononcé et d'une aptitude remarquable pour les travaux d'érudition historique. Il fut décidé qu'on demanderait au gouvernement d'autoriser la Société et de la reconnaître comme établissement d'utilité publique : faveur qu'elle attendit longtemps, malgré ses titres à la bienveillance de l'État, car elle ne l'a obtenue qu'en 1851, sous le ministère de M. le baron de Crouseilhes.

Sa renommée n'avait pas tardé à s'étendre ; l'impulsion qu'elle avait donnée aux esprits se répandait de proche en proche ; de tous côtés, des publications qui devaient former plusieurs volumes lui étaient proposées par des éditeurs sérieux. Celles qui attirèrent d'abord l'attention du Conseil, et qui obtinrent son assentiment, furent les suivantes :

Les parties de la *Géographie de Strabon* relatives à la Gaule ;

L'*Ystoire de li Normant*, traduction française, antérieure à 1300, d'une chronique du XII* siècle concernant l'établissement des Normands en Italie, qui a pour auteur un moine du Mont-Cassin du nom d'Aimé ;

Le grand ouvrage qui a porté si haut le nom de Grégoire de Tours, l'*Histoire ecclésiastique des Francs*, cette vivante peinture de l'invasion germaine et de la cour des rois barbares ;

La Conquête de Constantinople, par Geoffroy de Villehardouin ;

Les *Lettres de Mazarin à la reine Anne d'Autriche et à la princesse Palatine ;*

Les *Chroniques de Froissart.*

Quelques membres avaient aussi songé à donner une nouvelle édition de la *Bibliothèque historique* du P. Lelong. N'est-ce pas vers cet admirable répertoire que se porte d'abord la pensée de tous les historiens français, pour y chercher des indications utiles à leurs travaux ? Quels services ne rendrait pas une édition nouvelle, qui comblerait les lacunes des anciennes, mettrait à profit un siècle et demi d'investigations et de découvertes ? A ce sujet même, une subvention fut sollicitée de M. Guizot, encore ministre de l'Instruction publique. Mais, quelle que fût sa bienveillance pour la Société qu'il avait contribué à fonder, la spécialité des fonds dont il disposait ne lui permit pas d'accueillir ce vœu, et les immenses difficultés de l'entreprise, jointes au chiffre trop élevé de la dépense, firent ajourner indéfiniment ce projet.

Les premiers volumes qui parurent, marqués du sceau de la Société, furent :

En 1835, l'*Ystoire de li Normant*, publiée par M. Champollion-Figeac ;

En 1836, le tome premier, bientôt suivi des trois autres, de l'*Histoire des Francs*, texte revisé sur les manuscrits et traduction par MM. Guadet et Taranne.

La même année, on donna les *Lettres de Mazarin à la reine*, publiées par M. Ravenel, et qui jetèrent un jour nouveau sur les relations intimes d'Anne d'Autriche et du célèbre cardinal.

Les soins que demandait à M. Paulin Paris la revision du texte de Villehardouin ajournèrent jusqu'en 1838 la publication de l'*Histoire de la conquête de Constantinople*.

Ainsi, dès les débuts de notre Société, ses travaux témoignèrent que, fidèle à la pensée de son institution, elle embrasserait tous les âges de la vie nationale, depuis l'époque mérovingienne jusqu'aux temps modernes. Elle est même, quand elle l'a pu, remontée plus haut que les Mérovingiens ; car, si elle a semblé pendant quelques années renoncer à l'idée qui avait souri à ses fondateurs, de donner pour préface à nos anciennes chroniques le troisième et le quatrième livre de la *Géographie de Strabon*, elle a repris dernièrement ce projet en l'agrandissant, et, depuis 1878, elle publie, par les soins d'un savant helléniste, M. Cougny, une suite d'extraits des historiens grecs relatifs à la Gaule. Là se trouve non seulement tout ce que Strabon a dit de notre pays, mais ce qu'en ont écrit Ptolémée, Pausanias, Polybe, Plutarque, Diodore de Sicile, Denys d'Halicarnasse, Dion Cassius, Appien, et beaucoup d'autres.

III.

Parmi les obligations que la Société de l'Histoire de France s'était imposées, son règlement portait qu'elle ferait paraître un *Bulletin* rendant compte de ses travaux et des autres publications relatives à l'histoire de France. Une décision du Conseil d'administration, dans la séance du 3 mars 1834, arrêta le plan et la composition de ce bulletin. Il devait former chaque année quarante feuilles d'impression, en deux volumes, et présenter chaque mois, par numéro, trois à quatre feuilles. Il était divisé en deux parties, dont la première comprenait les actes et travaux de la Société, des extraits et analyses d'ouvrages historiques et archéologiques relatifs à la France, des notices et observations sur des questions concernant l'histoire et les antiquités nationales, des mélanges, et une bibliographie de l'histoire de France. La deuxième partie était réservée aux documents originaux trop peu étendus pour former un volume.

Notre *Bulletin* a paru sous cette forme pendant les années 1834 et 1835. Ces quatre volumes renferment un grand nombre de documents, de notices et d'extraits dignes d'être consultés. Signalons les instructions de M. Guizot aux correspondants du Comité des travaux historiques qu'il venait d'instituer, des rapports présentés à l'Académie des inscriptions et belles-lettres par MM. Daunou, Beugnot et Dureau de la Malle ; des catalogues et des descriptions de manuscrits ; de longs extraits de divers mémoires, entre autres du travail de M. Guérard sur les anciennes divisions de la Gaule ; des notices biographiques, parmi lesquelles se distingue celle que Mlle Dupont a consacrée à Le Fèvre de Saint-Remy, chroniqueur français du xve siècle, dont l'ouvrage, de mieux en mieux apprécié, a été publié tout dernièrement par notre Société. Mais, de tous les travaux qui figurent dans cette première série de notre *Bulletin*, le plus considérable est une *Bibliographie historique et archéologique de la France* pour les années 1833 et 1834, due aux soins de M. Jules Desnoyers, et donnant l'indication de plus de six cents ouvrages.

La rédaction du *Bulletin*, qui pesait presque tout entière sur notre secrétaire, était devenue pour lui une charge très lourde, que son dévouement acceptait, mais qui ne pouvait pas lui être imposée indéfiniment. Les frais d'impression absorbaient d'ailleurs des sommes qui pouvaient être appliquées plus utilement à la publication d'ouvrages historiques. Sur l'avis du Conseil d'administration, la composition du *Bulletin* et le mode même de sa publication furent modifiés. Il fut imprimé dans la *Revue rétrospective*, que dirigeait alors M. Taschereau, puis dans la *Revue universelle*, et réduit à un simple compte-rendu des séances du Conseil. A partir de 1838, il prit peu à peu plus d'extension, et renferma, sous le titre de VARIÉTÉS, des nouvelles archéologiques et littéraires, parfois des documents inédits et des articles de critique, enfin une bibliographie plus ou moins complète des ouvrages récents relatifs à l'histoire de la France.

Mais, en simplifiant le *Bulletin* primitif, le Conseil, afin de remplacer les parties supprimées, arrêta la publication d'un *Annuaire*. Le but principal de cet *Annuaire* était de faciliter les recherches historiques, et de tenir lieu, autant que possible, pour ceux qui s'adonnent à ces recherches, des grandes collections qui ne se trouvent que dans les bibliothèques publiques, comme l'*Art de vérifier les dates*, la *Gallia christiana*, etc. Il a eu, en peu d'années, un succès vraiment inespéré, et les travailleurs n'ont pas cessé d'en apprécier et d'en rechercher la collection. Comment s'en étonner? Il renferme, en tête de chaque volume, ce qu'on réclame tout d'abord d'un calendrier : le comput ecclésiastique, l'annonce des quatre-temps, des fêtes mobiles, des éclipses, et, pour tous les jours de l'année, l'âge de la lune, l'heure du lever et du coucher du soleil, etc. De plus, notre calendrier est, pour chaque jour, en harmonie avec l'ancien calendrier romain, le calendrier Julien, celui de la République, et les calendriers lunaires des Hébreux et des Musulmans.

Que si l'on ouvre les vingt-sept volumes dont se compose la collection de l'*Annuaire*, on y trouve une foule de renseignements et de travaux qui sont de la plus grande utilité dans les recherches sérieuses. Nous ne pouvons en donner un inventaire complet; bornons-nous à citer : *Provinces et pays de la France*, par M. Guérard; — *Liste des archevêchés et évêchés de France; Liste des monastères de France; Liste des archevêchés et évêchés de la chrétienté; Liste chronologique des papes*, par M. Louis de Mas Latrie; — *Liste des grands feudataires de la couronne; Divisions financières de la France avant 1789*, par M. de Fréville; —*Les anciennes divisions territoriales de la Normandie*, par M. Le Prévost; — *Parlements et Cours souveraines*, par M. H. Géraud; — *Chronologie des États généraux*, par M. Beugnot; — *Notice sur les sceaux*, par M. de Wailly; — *Liste alphabétique des lieux où l'on a battu monnaie depuis l'invasion des Francs jusqu'à la mort de Charles le Chauve*, par M. de Longpérier; — *La chanson musicale en France; Les instruments de musique en usage dans le moyen âge*, par M. Bottée de Toulmon;

— *Calendrier perpétuel*, par M. Léopold Delisle : travail à l'aide duquel on peut reconstituer le calendrier d'une année donnée et interpréter ainsi les dates contenues dans les documents du moyen âge. Il faut avoir eu soi-même à fixer le mois et le jour auxquels appartient un document daté seulement d'une fête ecclésiastique ou de l'un des jours suivants, pour comprendre les services que ce *Calendrier perpétuel* peut rendre aux travailleurs ; — *Liste générale et Catalogue alphabétique des saints*, par M. Edmond Dupont ; — enfin, pour citer un dernier travail, qui a coûté à son auteur d'immenses recherches, la *Topographie ecclésiastique de la France*, par notre secrétaire, M. Jules Desnoyers. N'est-il pas regrettable que cette savante et si instructive *Topographie* ne comprenne pas tous les diocèses, et que, pour d'impérieux motifs d'économie, notre Conseil se soit trouvé, il y a quelques années, dans la douloureuse nécessité d'en suspendre l'impression ?

Il nous serait facile d'étendre cette liste des travaux insérés dans nos Annuaires. Si nous l'arrêtons ici, ce n'est pas seulement pour abréger, c'est que nos Annuaires sont fort répandus, et que, dans le dernier volume, on trouve une table très complète de tous les articles que la collection renferme.

IV.

Malgré l'importance que l'*Annuaire* avait prise, la Société poursuivait les autres parties de sa mission avec une régularité qui ajoutait à sa bonne renommée et contribuait à augmenter d'année en année le nombre de ses membres. Ils n'étaient que cent cinquante en 1834 ; dix ans plus tard, elle en comptait trois cent soixante-dix-sept, dont les cotisations, jointes à la vente d'un assez grand nombre de volumes, portaient nos recettes annuelles à plus de dix-sept mille francs. Le Conseil attachait le soin le plus scrupuleux à renfermer la dépense dans les limites de la recette, tout en faisant des publications dignes des suffrages du monde savant. Les ouvrages qui parurent sous son patronage continuèrent à se trouver répartis entre les grandes périodes de notre histoire.

Ce furent, pour la période mérovingienne et carlovingienne :

Les *Œuvres diverses de Grégoire de Tours*, publiées par M. Bordier : très utile complément de l'*Histoire ecclésiastique des Francs*, qui avait été antérieurement publiée par la Société ;

Les *Œuvres d'Éginhard*, comprenant pour la première fois tout ce qui nous reste des écrits du biographe de Charlemagne : savant travail, dû aux soins consciencieux de M. Teulet, et qui valut en 1844, à son auteur, la première médaille au concours des Antiquités nationales ;

Les *Miracles de saint Benoît, écrits par des moines de l'abbaye de Fleury*, réunis et publiés par M. de Certain, et offrant à l'historien des mœurs et de la civilisation les plus curieux renseignements sur la période obscure qui s'étend du milieu du ixe siècle aux premières années du xiie.

A ces deux ouvrages vient s'ajouter, pour marquer le passage des Carlovingiens aux Capétiens, la *Chronique de Richer*, si heureusement mise au jour par M. Pertz, et publiée pour nous par M. Guadet, qui en a fait paraître le premier une traduction française.

Le moyen âge nous ouvrait une vaste carrière, dès le début de laquelle nous eûmes la bonne chance de rencontrer un éditeur tel que M. Auguste Le Prévost pour nous donner les treize livres de l'*Histoire ecclésiastique d'Orderic Vital*, allant de la naissance du Christ à l'année 1141. Nos devanciers les Bénédictins proclamaient cette chronique « un des plus riches trésors que nous ayons pour le xiie siècle, tant à l'égard de la Normandie et de l'Angleterre, que par rapport à la France. » Nul n'ignore que, sur le vœu de

M. Le Prévost, la nouvelle édition d'*Orderic Vital* a été terminée par M. Léopold Delisle, dont le nom seul nous dispense de tout autre éloge. M. Delisle y a joint une chronique inédite du monastère de Saint-Évroul, auquel Orderic Vital avait appartenu, une table générale très détaillée et un dictionnaire géographique.

Viennent ensuite :

L'*Histoire des ducs de Normandie et des rois d'Angleterre*, publiée par M. Francisque Michel, et qui se recommande à l'attention des érudits par de précieux documents sur les relations politiques des deux pays, principalement au commencement du xiii* siècle ;

La *Vie de saint Louis*, grande et savante œuvre de Le Nain de Tillemont, que M. J. de Gaulle a justement tirée de l'oubli, car, puisée aux meilleures sources, accompagnée sur chaque point de renvois précis, elle a toute la valeur d'un document original ;

Les *Coutumes de Beauvoisis, par Philippe de Beaumanoir*, que Montesquieu appelle « un admirable ouvrage » et qu'il a plus d'une fois citées. Il appartenait à M. le comte Beugnot, si versé dans la science du droit et de son histoire, de nous donner, des *Coutumes de Beauvoisis*, une nouvelle édition, revue sur les manuscrits, purgée des innombrables fautes qui déparaient l'édition précédente, et accompagnée de variantes, de notes et d'une notice historique, lumineux tableau de la législation du xiii* siècle ;

La *Chronique de Guillaume de Nangis et de ses continuateurs*, publiée par M. H. Géraud : source principale, et quelquefois unique, pour la période de 1113 à 1368;

Les *Comptes de l'argenterie des rois de France au XIV* siècle* et les *Comptes de l'hôtel des rois de France au XIV* et au XV* siècle*, mis au jour par M. Douët d'Arcq, et dont le succès fut attesté par l'épuisement très rapide des exemplaires du premier volume ;

Les *Rouleaux des morts du IX* au XV* siècle*, recueil,

publié par M. Delisle, de quelques circulaires ou encycliques par lesquelles les communautés religieuses étaient dans l'usage d'annoncer la mort de leurs membres ou de leurs bienfaiteurs à différentes églises;

Les *Chroniques des comtes d'Anjou*, publiées par MM. Marchegay et Salmon;

La *Chronique des quatre premiers Valois*, publiée par M. Siméon Luce;

La *Chronique d'Enguerran de Monstrelet*, avec pièces justificatives, et les *Anchiennes croniques d'Engleterre de Jehan de Wavrin*, double publication due aux soins de Mlle Dupont, qui a donné à la Société de l'Histoire de France des gages nombreux d'une érudition que les Bénédictins eux-mêmes auraient appréciée;

Les *Mémoires de Pierre de Fenin*, qui ne fut pas panetier de Charles VI et prévôt d'Arras en 1451, comme l'avait supposé le premier éditeur, Denys Godefroy, mais qui, venu un peu plus tard, paraît avoir puisé aux mêmes sources que Monstrelet, et mérite la même confiance que lui.

Nous arrivons à l'un des ouvrages les plus justement célèbres de notre collection, un ouvrage qui a fait vibrer, pourquoi ne le dirions-nous pas? les purs sentiments du patriotisme, et satisfait en même temps la science comme la religion : les *Procès de condamnation et de réhabilitation de Jeanne d'Arc, dite* LA PUCELLE.

C'est à M. Jules Quicherat, nom également cher à l'École des chartes et à notre Société, que nous devons l'importante publication des procès de Jeanne d'Arc. Il les a collationnés sur les manuscrits jusque-là inédits, quoique souvent consultés. Il y a joint beaucoup de pièces détachées, les témoignages contemporains, français et bourguignons, sur Jeanne d'Arc, une très ample table analytique des matières et une notice littéraire. Nous ne sommes que l'écho des jugements du monde savant en affirmant que bien peu de publications érudites ont fait autant d'honneur à leur auteur.

A M. Quicherat nous devons également l'*Histoire des règnes de Charles VI et de Louis XI*, qu'il fit paraître peu de temps après, et qu'il restitua au véritable auteur, non pas le liégeois Amelgard, comme on le croyait, mais Thomas Basin, évêque de Lisieux, mort en 1492.

Louis XI et Thomas Basin nous conduisent à Philippe de Commynes, dont notre Société a donné une édition en trois volumes. Comme tant d'autres ouvrages publiés sous notre patronage, cette édition a été revue par Mlle Dupont sur plusieurs manuscrits et enrichie de notes biographiques, généalogiques et historiques. C'est une des publications de la Société qui, depuis longtemps, se trouvent épuisées en tout ou en partie.

A l'entrée du XVIe siècle, nous trouvons la *Correspondance de Maximilien et de Marguerite d'Autriche*, comprenant six cent soixante-sept lettres, dont cinquante-cinq seulement étaient connues, lorsque M. Le Glay, conservateur des archives du département du Nord, proposa à notre Société d'en mettre au jour la suite complète.

Trois ouvrages représentent le règne de François Ier :

Le *Journal d'un bourgeois de Paris sous le règne de François Ier*, publié par M. Ludovic Lalanne, et bientôt devenu introuvable en librairie ;

Les *Lettres de Marguerite d'Angoulême, sœur de François Ier*, recueillies dans divers dépôts littéraires par M. Genin ;

Les *Mémoires et lettres de Marguerite de Valois*, fille de Catherine de Médicis et première femme de Henri IV. L'éditeur a été M. François Guessard, qui a revisé d'après les manuscrits le texte très gravement altéré dans les éditions précédentes.

Pour le XVIIe siècle, plus encore peut-être que pour les époques antérieures, la difficulté était de faire un choix parmi tant de sources originales qui sollicitent la curiosité de l'historien, et que l'impartialité lui impose le devoir de consulter.

Le Conseil d'administration a attribué une large part à la période que marquèrent les troubles de la Fronde. Notre collection renferme plusieurs ouvrages qui se rapportent à cette ère d'agitation coupable, où la fortune de la France, relevée si haut par Richelieu, fut à la veille d'être compromise, malgré l'habileté politique de Mazarin, par les menées ambitieuses de seigneurs rebelles et de femmes intrigantes. Ce sont d'abord :

Les *Registres de l'Hôtel de ville de Paris*, publiés en trois volumes par MM. Le Roux de Lincy et Douët d'Arcq, et qui renferment d'inappréciables renseignements sur l'administration de Paris, sur l'attitude de ses échevins et de ses habitants, même sur la marche des affaires publiques, bien que le foyer de la Fronde, suivant la remarque judicieuse de M. Chéruel, ne fût pas à l'Hôtel de ville, mais au Parlement ;

La *Bibliographie des Mazarinades*, catalogue en trois volumes, de plus de quatre mille pièces, auquel le savant éditeur, M. Louis Moreau, ajouta bientôt un *Choix de Mazarinades* en deux volumes ;

Enfin, les *Mémoires de Mathieu Molé*, recueillis par M. Aimé Champollion-Figeac, publication d'abord attendue impatiemment, et depuis trop dépréciée, car, si le titre en est un peu trompeur, si Mathieu Molé n'a pas, à proprement parler, écrit de *Mémoires*, il a fait du moins beaucoup d'extraits, il a dressé beaucoup de notes, il a laissé ce qu'on peut appeler des papiers d'État, qui méritaient bien d'être sauvés de l'oubli.

C'est aussi à l'époque de la Fronde, en partie du moins, et c'est d'une manière générale au xviie siècle, que se rapportent les *Mémoires du marquis de Beauvais-Nangis* et le *Journal du procès du marquis de La Boulaye*, dont l'édition, préparée par M. Monmerqué, ne parut qu'après sa mort. Déjà M. Monmerqué, dont le dévouement aux intérêts de notre Société ne se démentit jamais, nous avait donné les *Mémoires du comte de Coligny-Saligny* et ceux du *Marquis de Villette*.

Rappelons enfin les *Mémoires de Daniel de Cosnac, archevêque d'Aix,* mis au jour par son arrière-neveu, notre collègue M. le comte Jules de Cosnac, mémoires du plus sérieux intérêt, dont l'authenticité a été mal à propos révoquée en doute pour des motifs étrangers à la science. Nous n'en possédons plus un seul exemplaire dans notre dépôt.

Le XVIII° siècle ne pouvait pas rester en dehors du cercle de nos travaux. Il y figure, non sans honneur pour nous, non sans profit pour les études historiques, par le *Journal de l'avocat Barbier,* peinture vive et sensée des impressions quotidiennes de la bourgeoisie sur les incidents de la politique, les querelles religieuses, les affaires du Parlement, les scandales de la ville et de la Cour, les ouvrages nouveaux, les procès célèbres, les exécutions en place de Grève, etc., pendant le règne de Louis XV, de 1718 à 1763. Aucune de nos publications n'a obtenu plus de succès. Le *Journal de Barbier* était enfoui à la Bibliothèque nationale : M. A. de la Villegille l'en a tiré avec une délicatesse de goût et un sentiment des convenances que d'autres, après lui, n'ont pas imités, tout en profitant de son travail. C'est pour nous un devoir bien doux de rendre cet hommage à la mémoire d'un collègue, aussi distingué par les qualités du cœur que par la science, qui a été pendant tant d'années président de notre Comité des fonds, et qui, jusqu'à la dernière heure, n'a cessé de nous rendre les services les plus dévoués.

V.

Tel était à peu près, vers 1862, le degré d'avancement des travaux de notre Société. Elle comptait alors six cent cinquante membres. Sa recette annuelle dépassait parfois vingt-neuf mille francs. Usant généreusement de sa prospérité, elle était arrivée à publier quatre volumes par année, outre le *Bulletin* et l'*Annuaire* ; elle parlait d'en faire paraître un cinquième. Cependant diverses circonstances lui commandaient de ne pas se départir de la prudence qu'elle avait toujours témoignée jusque-là. Les frais d'impression avaient augmenté à Paris dans une proportion très notable ; nos charges croissant, étions-nous certains de conserver toujours les mêmes ressources pour y faire face ? Beaucoup d'entre nous se préoccupaient aussi du chiffre élevé de la dépense du *Bulletin* et de celle de l'*Annuaire*, qui avait coûté plus de quatre mille francs en 1862. La sagesse conseillait de se tenir en garde contre les éventualités de l'avenir. Aussi, malgré les liens qui nous attachaient à une ancienne imprimerie, celle de M. Crapelet, passée aux mains de son gendre, M. Lahure, le Conseil d'administration fit-il choix d'un nouvel imprimeur établi dans un département voisin de Paris, et chez lequel les frais s'annonçaient comme devant être moins considérables, sans que l'impression cessât d'être excellente. Nous sera-t-il permis de remercier ici M. Gouverneur et M. Daupeley, imprimeurs à Nogent-le-Rotrou, du concours qu'ils nous ont prêté depuis lors ?

Le même jour, par une décision que les mêmes motifs d'économie avaient inspirée, le Conseil réunit le *Bulletin* et l'*Annuaire* en un seul volume, divisé en deux parties, et dont le nombre de feuilles fut rigoureusement fixé à vingt ou vingt-une. C'est dans ces conditions que l'*Annuaire-Bulletin* paraît encore aujourd'hui. Il devait renfermer nécessairement les procès-verbaux de nos séances, les discours de chaque président à l'Assemblée générale, les rapports annuels de notre secrétaire. Ce sont là nos annales, en quelque sorte domestiques. Mais on était convenu d'y joindre, sous le titre de *Variétés*, quelques documents et quelques récits historiques de faible étendue, et il se trouve que les matériaux compris dans cette partie de nos collections sont plus riches que la modestie du titre ne le fait supposer.

En parcourant les vingt-deux volumes qui composent la série de nos *Annuaires-Bulletins*, on y rencontre la *Liste chronologique des chevaliers de l'ordre du Saint-Esprit depuis sa fondation en 1578 jusqu'à son extinction en 1830*, par M. Teulet; — l'exact et précieux *Inventaire des pièces manuscrites de la collection Godefroy conservée à la bibliothèque de l'Institut*, par M. Lalanne; — une *Notice sur le cartulaire du comté de Rethel*, par M. Delisle; — un *Projet de croisade du premier duc de Bourbon, 1316-1333*, par M. de Boislisle; — le *Budget et la population de la France sous Philippe de Valois*, par le même; — un *Mémoire de Fénelon sur le droit d'asile dans les églises des Pays-Bas*; — *Le premier mariage de Jeanne d'Albret*, par M. le baron de Ruble; — des *Lettres inédites de la princesse des Ursins*, publiées par M. Gustave Masson; — beaucoup d'autres documents inédits, notices historiques, fragments communiqués par MM. de Beaucourt, Crépet, Douët d'Arcq, marquis de Godefroy-Ménilglaise, Jourdain, de la Fons de Mélicocq, de Mas Latrie, Paul Meyer, Paul Raymond, J. Roman, Servois, Siméon Luce, Tamizey de Larroque. Une table qui se prépare en ce moment par les soins de notre secrétaire adjoint, M. de Boislisle, et qui paraîtra prochainement, fera connaître plus en détail et d'une manière plus complète toutes les pièces que nos *Annuaires-Bulletins* contiennent, et dont il peut être utile aux travailleurs de savoir l'existence.

A la fin de l'année 1866, la Société perdit M. le baron de Barante, qu'elle avait l'honneur d'avoir pour président depuis sa fondation, c'est-à-dire depuis trente-trois ans. L'illustre auteur de l'*Histoire des ducs de Bourgogne*, de l'*Histoire de la Convention*, de celle *du Directoire*, et de tant d'autres ouvrages historiques et biographiques destinés à lui survivre, était, pour notre Société, un modèle et un guide. Il suivait nos travaux avec la plus constante et la plus affectueuse sollicitude; il aimait à se retrouver au milieu de nous, et on compte bien peu de nos assemblées générales auxquelles il n'ait assisté. Là, par de sages paroles que vivifiait une douce éloquence, par l'exemple de sa vie noblement partagée entre l'étude de l'histoire et le service du pays dans les postes les plus élevés, il nous inspirait l'amour de la France, le respect de son passé, une large et équitable sympathie pour toutes les gloires nationales, sentiment qui se concilie si aisément chez les cœurs généreux avec la justice envers les œuvres accomplies par les générations contemporaines.

Notre Conseil d'administration donna pour successeur à M. le baron de Barante M. Guizot, son ami. C'est un choix qui répondait aux plus intimes sentiments de M. de Barante, et qu'il nous eût lui-même indiqué, s'il n'avait pas été prévenu par la mort. La présidence qu'il avait occupée avec tant d'éclat ne pouvait passer après lui en des mains plus dignes que celles de l'homme d'État éminent et du grand historien, que les disgrâces de la fortune n'avaient point abattu, à qui, dans sa retraite, la culture des lettres avait procuré des jouissances plus pures que l'exercice du pouvoir, et qui, après avoir été un des fondateurs de notre Société, nous a prodigué jusqu'à son dernier jour les plus constants comme les plus utiles encouragements.

Ces glorieux patronages, se succédant l'un à l'autre, imposaient à la Société de l'Histoire de France des obligations qu'il était de son honneur de ne pas décliner. Elle était tenue de se montrer fidèle à elle-même, c'est-à-dire de continuer à propager la connaissance des documents historiques, d'en publier le plus grand nombre possible et de tous les âges, de les publier dans un texte correct, revisé autant que faire se pouvait sur les manuscrits, et accompagné de toutes les notes nécessaires pour en faciliter la lecture. Après comme avant la mort de M. de Barante, nous n'avons pas cessé de suivre cette voie, et, dans le cours des dernières années, il nous a été donné d'ajouter quelques branches nouvelles au faisceau historique formé de la main de nos devanciers.

Les commencements du moyen âge ne nous offraient plus rien de comparable aux récits de Grégoire de Tours, ni même à ceux d'Orderic Vital ; mais de fructueuses recherches dans les bibliothèques et les archives, la découverte de quelques documents inédits, une revision sévère des ouvrages anciennement connus nous ont permis d'enrichir nos collections de nouveaux volumes que nous avons jugés n'être pas dépourvus d'intérêt. Ce sont :

Les *Annales de Saint-Bertin et de Saint-Wast*, suivies de fragments d'une chronique inédite, publiées par M. l'abbé Dehaisne ;

Les *Œuvres complètes de Suger*, dont la publication décidée avait été confiée dès 1842 à M. Yanoski, agrégé de l'Université, et qui, ce savant professeur étant mort prématurément, ne parurent que vingt-cinq ans plus tard, collationnées sur les manuscrits et publiées par M. Lecoy de la Marche ;

Les *Chroniques des églises d'Anjou*, recueillies et publiées par MM. Paul Marchegay et Émile Mabille ;

Les *Chroniques de Saint-Martial de Limoges*, publiées d'après les manuscrits originaux, par M. H. Duplès-Agier :

Les *Chroniques d'Ernoul et de Bernard le Trésorier*, avec un essai de classification des continuateurs de Guillaume de Tyr, par M. Louis de Mas Latrie ;

Les *Anecdotes historiques, légendes et apologues tirés du recueil d'Étienne de Bourbon, dominicain du XIIIe siècle*, publiés par M. Lecoy de la Marche;

Les *Gestes des évêques de Cambrai de 1092 à 1138*, texte original, publié par le R. P. Ch. de Smedt, de la Compagnie de Jésus et de la Société des Bollandistes, d'après un manuscrit du XIIe siècle donné à la Bibliothèque nationale par notre confrère M. le duc de la Trémoïlle ;

L'Histoire de saint Louis par Jean, sire de Joinville, suivie du *Credo de Joinville* et des *Lettres à Louis X*. Ce qui caractérise cette édition, ce qui en fait surtout le prix aux yeux des érudits qui s'intéressent à la connaissance du vieux français, et quel érudit ne s'y intéresse pas ? c'est que le texte s'y trouve ramené à l'orthographe dans laquelle, selon toute vraisemblance, il a dû être écrit, et que M. Natalis de Wailly est parvenu à reconstituer par une étude aussi fructueuse que patiente et sagace des chartes originales du sire de Joinville.

Nous devons à M. de Wailly un autre volume qui date de la même époque, les *Récits d'un ménestrel de Reims au XIII⁰ siècle*, précédemment édités par M. L. Paris sous le titre de *Chronique de Rains*.

Au xiii⁰ siècle se rapporte, comme les ouvrages précédents, une compilation célèbre que les historiens ont appelée *les Établissements de saint Louis*, et qui, ne fût-elle pas l'œuvre du saint roi, n'en est pas moins un des grands monuments de la législation de son temps. Un de nos savants confrères, M. Paul Viollet, nous avait proposé d'en donner une édition nouvelle, qui non seulement serait revisée sur les manuscrits, mais dans laquelle les éléments de la composition seraient indiqués, et le texte primitif de l'œuvre, autant que possible, reconstitué. Nous devons d'autant plus nous féliciter d'avoir fait bon accueil à ce projet que, les deux premiers volumes du travail de M. Viollet ayant été soumis à l'Académie des inscriptions et belles-lettres, ils ont obtenu en 1882 le grand prix Gobert. « La rigueur presque constante de la méthode, » disait dans la séance annuelle le président de l'Académie, M. Jules Girard, « la rigueur presque constante de la méthode, la précision et l'étendue de la science, les mérites originaux d'une critique pénétrante et ingénieuse qui saisit nettement le détail et s'élève aux questions générales, donnent à ce livre une haute valeur. » Il y a environ un an, le troisième volume de cette belle publication a paru ; le quatrième est sous presse, et tout fait espérer qu'il verra le jour avant la fin de 1884.

M. Viollet n'est pas le premier de nos collaborateurs que l'Académie ait honoré de ses plus hautes récompenses. Déjà, en 1879, elle avait décerné le grand prix Gobert à un ouvrage publié comme les *Établissements de saint Louis*, sous les auspices de notre Société, la *Chanson de la croisade contre les Albigeois*, éditée et traduite par M. Paul Meyer. Cette œuvre, si importante pour l'histoire de la langue et pour celle des événements du XIIIᵉ siècle, était déjà connue par l'édition que M. Fauriel en avait donnée dans la collection des Documents inédits sur l'histoire de France ; mais combien la nouvelle édition est supérieure à la précédente, soit au point de vue de la pureté du texte et de l'exactitude de la traduction, soit au point de vue du commentaire, qui ne laisse aucune difficulté philologique ou historique sans explication, et qui a enrichi d'une véritable découverte l'histoire littéraire en démontrant la rédaction successive des deux parties du poème par deux auteurs différents, l'un : Guillaume de Tudèle, originaire de Navarre ; l'autre anonyme, originaire de Toulouse ! Nous est-il interdit de penser que cette belle publication n'a pas été un des moindres titres de M. Meyer aux suffrages de l'Académie quand, à quelques mois de distance, elle a décerné à notre collègue le prix Biennal, et l'a ensuite admis au nombre de ses membres ?

Un des ouvrages qui avaient les premiers paru au Conseil d'administration dignes d'une nouvelle et sérieuse étude, ce sont les *Chroniques de Froissart*. Chacun en attendait la publication avec une sorte d'impatience. Nous avons même connu tel de nos confrères que la perspective de posséder bientôt dans sa bibliothèque ce célèbre ouvrage avait suffi pour attirer dans notre Société. Le travail fut confié à M. Lacabane, que son exacte érudition, ses études premières, ses fonctions même à l'École des chartes et à la Bibliothèque royale désignaient pour une pareille mission. Mais, en présence des difficultés, sa probité scientifique éprouvait des scrupules, qui l'empêchaient de conclure. Vingt années se passèrent dans l'attente. Voyant reculer sans cesse le jour où il pourrait tenir sa promesse, M. Lacabane, qui sentait d'ailleurs sa santé affaiblie, demanda d'être déchargé d'un fardeau devenu trop lourd. Le Conseil lui substitua M. Siméon Luce. Le nouvel éditeur se mit à l'œuvre sans retard, avec l'activité de la jeunesse, jointe à une science mûrie par de longues études préparatoires. Nous devons à M. Luce les sept premiers volumes, publiés de 1864 à 1878, de cette édition de Froissart si longtemps ajournée, qui égale pour le moins par la pureté du texte et le choix des variantes, qui surpasse par la richesse du commentaire la célèbre édition publiée en Belgique par notre confrère M. le baron Kervyn de Lettenhove.

Autour des *Chroniques de Froissart* viennent se ranger, dans notre collection, plusieurs autres ouvrages qui contribuent à éclairer l'histoire politique et morale du XIVᵉ siècle et du XVᵉ :

La Chronique normande du XIVᵉ siècle, publiée par MM. Auguste et Émile Molinier : une médaille a été accordée en 1883 à ce travail, dans le concours des Antiquités nationales ;

La Chronique de Mathieu d'Escouchy, nouvelle édition, revue sur les manuscrits par M. G. Du Fresne de Beaucourt ;

Un Choix de pièces inédites relatives au règne de Charles VI, publiées par M. Douët d'Arcq ;

La Chronique du bon duc Loys de Bourbon, publiée par M. Chazaud ;

La Chronique de Jean Le Fèvre, seigneur de Saint-Remy, dont nous parlions plus haut, et qui, transcrite d'un manuscrit appartenant à la bibliothèque de Boulogne-sur-Mer, par M. François Morand, forme deux volumes.

Quand nous arrivons aux temps modernes, nous rencontrons d'abord une nouvelle édition, due à M. Roman, du naïf et touchant récit qui a rendu populaire le nom de Bayart, la *Très joyeuse, plaisante et récréative histoire du gentil seigneur de Bayart, composée par le Loyal serviteur*.

Le XVIe siècle est l'ère de la renaissance des lettres antiques ; mais c'est aussi l'âge des guerres de religion. Ceux qui, dans ces funestes événements, furent acteurs ou témoins ont laissé, les uns des lettres, les autres des mémoires, que notre Société ne pouvait pas négliger ; c'est ainsi qu'elle a publié :

L'*Histoire de Béarn et Navarre par Nicolas de Bordenave* (1517-1572), éditée par M. Paul Raymond ;

Les *Mémoires de Madame du Plessis-Mornay*, accompagnés de lettres inédites de M. et Mme du Plessis-Mornay et de leurs enfants, édition publiée d'après les manuscrits par Mme de Witt, avec une notice par M. Guizot ;

Les *Lettres d'Antoine de Bourbon et de Jeanne d'Albret*, publiées par M. le marquis de Rochambeau.

Voilà pour les témoignages protestants. Le parti catholique est représenté par son plus illustre champion, aussi grand historien que capitaine intrépide, Blaise de Monluc, dont les *Commentaires et Lettres* ont été publiés en cinq volumes par M. le baron Alphonse de Ruble. Entre autres améliorations qui font de cette édition un ouvrage en quelque sorte tout nouveau, M. de Ruble y a inséré plusieurs mémoires sur les guerres d'Italie et sur les guerres civiles de la Guyenne, environ deux cents lettres de Monluc recueillies dans divers dépôts de France et à la bibliothèque de Saint-Pétersbourg, enfin une suite de remontrances au roi, au duc d'Anjou, aux gouverneurs de places, aux capitaines de l'armée, qui forment dans leur ensemble comme un traité de la guerre, et qui justifient, ainsi que le rappelait notre secrétaire dans un de ses rapports, ce nom de *Bréviaire du soldat* donné par Henri IV aux *Commentaires du vieux guerrier*.

M. de Ruble nous a également donné les *Mémoires inédits de Michel de la Huguerye*, agent huguenot, mêlé en sous-ordre, mais d'une manière active, aux négociations de son parti avec les princes d'Allemagne, pendant les règnes de Charles IX et de Henri III. Ce témoin d'événements dont il a pris sa part est très utile à consulter, sinon toujours digne de foi.

Encouragée par le succès, confiante dans l'avenir, la Société, depuis longtemps, ne reculait pas devant les publications qui devaient se composer de plusieurs volumes et s'étendre à plusieurs années. Pour aborder de tels ouvrages, elle ne demandait d'autre garantie que la compétence notoire d'un éditeur consciencieux. Elle fut ainsi conduite à demander une nouvelle édition des *Œuvres complètes de Brantôme* à l'un de nos collègues dont elle avait souvent apprécié la science et le zèle, M. Ludovic Lalanne. Pourquoi ne rappellerions-nous pas que l'œuvre était patronnée par un des hommes que la Société de l'Histoire de France s'honore le plus d'avoir compté parmi ses membres et d'avoir eu pour vice-président, un homme chez lequel s'alliaient au plus haut degré la sincérité des convictions religieuses et le sentiment du respect dû à l'histoire et aux œuvres historiques, M. le comte de Montalembert? Notre illustre collègue n'admettait pas qu'un écrivain tel que le sire de Bourdeille fût exclu des cadres de la Société de l'Histoire de France : il voulait qu'elle l'accueillît, et l'accueillît tout entier, avec ses qualités comme avec ses défauts, avec ses récits et ses tableaux les plus délicats comme avec ses anecdotes et ses peintures les moins chastes, dans une grande édition qui ne s'adresserait pas à la grossière sensualité de la foule, mais que l'amour de la science aurait seul inspirée et qui serait purifiée par son souffle. Le vœu de M. le comte de Montalembert est aujourd'hui rempli. Onze volumes de cette édition savante qu'il souhaitait ont déjà paru. Le *Lexique* dont ils sont accompagnés a obtenu les suffrages de l'Académie française, qui a décerné un de ses prix à l'auteur. Le douzième et dernier volume est sous presse.

Tandis que ce grand travail se poursuivait, un autre de nos collègues, M. le marquis de Chantérac, que des liens de parenté rattachaient à la famille de Bassompierre, nous donnait une édition des *Mémoires* du célèbre maréchal, la première qui soit absolument conforme au texte original, la seule désormais qui puisse être citée par un écrivain jaloux de la correction des textes.

M. Charles Constant faisait paraître les *Mémoires de Nicolas Goulas*, gentilhomme ordinaire de la chambre de Gaston, duc d'Orléans.

M. Schefer, membre de l'Institut, tirait de l'oubli la très curieuse *Relation de la cour de France*, rédigée en 1690 par le diplomate Ezéchiel Spanheim, envoyé extraordinaire de Brandebourg.

A ces documents, que les futurs historiens du siècle de Louis XIV ne pourront négliger, la Société de l'Histoire de France s'honorera toujours d'avoir ajouté, pour l'étude du XVIIIe siècle, neuf volumes comprenant le *Journal et les mémoires du marquis d'Argenson*, ministre des affaires étrangères, et auteur des *Considérations sur le gouvernement de la France*. Ces volumes ont été publiés par M. J.-B. Rathery, avec science et discernement, comme l'avait été le *Journal de Barbier* par M. de la Villegille, d'après les manuscrits autographes déposés à la bibliothèque du Louvre. Combien nous sont-ils devenus plus chers, combien le service rendu aux lettres par M. Rathery n'a-t-il pas paru plus éclatant, lorsque ces manuscrits eurent été détruits, comme tant d'autres richesses, au mois de mai 1871, dans l'incendie allumé par les mains impies de quelques bandits de la Commune de Paris !

Ainsi se termine notre collection. Mais déjà sont posées les assises d'œuvres nouvelles. La dernière année a vu paraître un premier volume des *Œuvres de Rigord et de*

Guillaume le Breton, historiens de Philippe-Auguste, publiées par M. H.-François Delaborde ; le premier volume des *Mémoires d'Olivier de la Marche*, maître d'hôtel et capitaine des gardes de Charles le Téméraire, édités par MM. Henri Beaune et J. d'Arbaumont ; le premier volume des *Lettres de Louis XI*, dû à M. Étienne Charavay.

VI.

Résumons les principaux faits de l'histoire de notre Société.

Cinquante années se sont écoulées depuis sa fondation. Dans l'intervalle, elle a publié en 1834 et 1835 un *Bulletin* formant quatre volumes in-8° ; de 1836 à 1862, un autre *Bulletin* formant dix-huit volumes in-8°, avec une table des matières ; de 1837 à 1862, un *Annuaire* formant vingt-sept volumes in-18 ; de 1863 à 1883, un *Annuaire-Bulletin* formant vingt volumes. Voilà pour ses travaux accessoires, que j'appellerais secondaires, s'ils ne renfermaient, sous une forme modeste, quantité de pièces précieuses et de très utiles renseignements. Mais son œuvre capitale, ce sont cent soixante-six volumes de documents historiques, imprimés sur beau papier, en bons caractères, dans un format commode, qui peuvent trouver place également dans la bibliothèque d'un homme de travail et dans celle d'un homme du monde. Ces volumes, rangés sur les rayons dans l'ordre chronologique, forment déjà une sorte d'histoire de France, embrassant la suite des âges, et dans laquelle les événements de la vie nationale sont racontés par ceux qui en furent les auteurs ou les témoins. Que sera-ce dans quelques années, lorsque nos successeurs, animés du même esprit que nous-mêmes, et poursuivant l'œuvre commencée, auront peu à peu comblé les lacunes qu'elle présente ?

Mais, pour se former une juste idée de l'heureuse activité dont la Société de l'Histoire de France a donné l'exemple, il ne suffit pas d'avoir sous les yeux la liste des ouvrages qu'elle a publiés : il faut tenir compte aussi des propositions qui ont occupé beaucoup de séances de son Conseil d'administration, sans aboutir néanmoins à une publication faite sous ses auspices. Citons, pour nous borner à quelques exemples, la nouvelle édition de la *Chronique de Frédégaire* que devait nous donner le consciencieux traducteur de Grégoire de Tours, M. Taranne, surpris par la mort avant d'avoir pu achever ce travail ; — les *Registres criminels du Parlement de Paris pendant les XIVe, XVe et XVIe siècles*, ouvrage du greffier Dongois, neveu de Boileau, dont la publication avait été proposée par notre collègue M. Taillandier à un autre de nos collègues, M. Edmond Dupont ; — la *Correspondance de Madame de Maintenon*, que M. le duc de Noailles s'était chargé de publier d'après les originaux qu'il possède et d'après ceux qui sont épars dans divers dépôts publics : projet accueilli d'abord avec une singulière faveur par notre Conseil, puis ajourné, et enfin abandonné à cause du grand nombre de volumes qu'il comportait et de la difficulté de choisir entre les lettres de piété et les lettres historiques ; — les *Mémoires du président Hénault*, que notre Société fut au moment d'adopter, et qui ont été publiés depuis par leur possesseur, M. le baron du Vigan ; — la *Cronique de François Ier*, que le Conseil a écartée, non sans quelque hésitation, afin de ne pas faire double emploi avec le *Journal d'un bourgeois de Paris*, mais qui a trouvé en M. Georges Guiffrey un éditeur versé dans la connaissance de cette époque ; — l'*Inventaire des meubles et bijoux de Charles V*, que M. Douët d'Arcq, l'habile éditeur des *Comptes de l'hôtel* et des *Comptes de l'argenterie des rois de France*, nous avait proposé de publier, mais que le Comité des travaux historiques a réclamé, et qui vient de paraître, il y a peu d'années, par les soins de M. Labarte, dans la grande collection des Documents inédits sur l'histoire de France ; —

les *Mémoires de l'abbé Ledieu sur la vie et les ouvrages de Bossuet*, que l'abbé Guettée a fait paraître en 1856 ; — les *Mémoires du marquis de Pomponne*, ambassadeur de France en Suède et en Hollande, et ministre des affaires étrangères, dont la publication a eu lieu de 1860 à 1861 ; — les *Œuvres historiques de Christine de Pisan*, que notre éminent confrère de Belgique, le baron Kervyn de Lettenhove, s'offrait à éditer pour nous ; — la *Correspondance politique et militaire de Puységur*, celle du cardinal de Bernis, celle du maréchal de la Force ; — la *Chronique métrique de Godefroy de Paris*, proposée par M. de Mas Latrie, qui nous a également soumis le projet d'une édition du poème de *Guillaume de Machaut sur la prise d'Alexandrie*, projet qu'il a lui-même réalisé en 1880 pour la Société de l'Orient latin ; — une nouvelle édition des *Lettres de Gui Patin*, réimprimées en 1846 par les soins du docteur Réveillé-Parise ; — les *Carnets de Mazarin*, dont notre confrère M. Chéruel, naguère encore, a fait un si grand usage pour ses travaux sur les débuts du règne de Louis XIV, mais qui découragent tous les éditeurs, tant le déchiffrement et l'établissement du texte présentent de difficultés ; — les *Chroniques de Flandre*, proposées par notre collaborateur M. Leglay ; — les *Mémoires de Fléchier sur les Grands jours d'Auvergne*, proposés en 1843 par M. Taillandier, publiés dès 1844 par M. Gonod, et édités de nouveau, comme chacun le sait, par notre confrère M. Chéruel, en 1862 : — une nouvelle édition des *Mémoires du cardinal de Retz*, qui viennent enfin, comme texte et comme commentaire, de recevoir leur forme définitive dans la collection des Grands écrivains de la France ; — une vaste publication sur les *Monnaies des rois Francs* et une autre sur les *Sceaux du moyen âge*, qui furent proposées au Conseil dès les premiers jours, en 1834, alors que la numismatique et la sigillographie étaient beaucoup moins

connues et utilisées pour l'histoire qu'elles ne le sont aujour-
d'hui; — les *Tablettes de cire du roi Philippe le Bel;* —
des éditions nouvelles des *Chroniques de Guibert de
Nogent, d'Albéric de Trois-Fontaines,* de *Flodoard,*
dont il a été bien souvent parlé au sein du Conseil, et
qui prendraient, aujourd'hui encore, une place d'honneur
dans notre collection; — les *Chroniques de Jean le Bel
et de Chastellain,* qui ont trouvé dans M. Kervyn de Lettenhove l'éditeur le plus compétent; — une édition nouvelle
des *Mémoires de Sully,* ces mémoires si bizarrement
arrangés par les secrétaires du grand ministre, et sur lesquels un éditeur consciencieux aurait à faire un travail
critique non moins utile pour les futurs historiens qu'ho-
norable pour son auteur: — la *Muse historique de
Loret,* que notre Société a été sur le point de remettre en
lumière, et dont la réimpression, commencée en 1857 par
M. Ravenel, a été achevée par M. Livet; — une série
de récits de *Voyages en Orient aux XIII*, *XIV* et
XV siècles,* etc., etc.

Je n'entends pas donner une énumération complète de
toutes les propositions que nous avons reçues, de tous les
projets que nous avons discutés: j'en omets même quelques-uns de considérables. Mais comment ne pas rappeler le plus important de ces projets, une édition des
Mémoires de Saint-Simon? On ne possédait alors que
l'édition publiée en 1820, chez Sautelet, par M. le marquis
de Saint-Simon, et qui, malgré de très graves imperfections,
avait pour ainsi dire révélé à la France un écrivain de génie,
qu'elle connaissait à peine. L'ouvrage avait une si haute
valeur: en dépit des jugements haineux et mal justifiés que
l'auteur produit trop souvent, il offrait une si vivante peinture
de la cour de Louis XIV, que chacun reconnaissait la nécessité
d'une édition nouvelle, collationnée avec soin sur le manuscrit original et accompagnée de notices historiques et biogra-

phiques. La proposition en fut présentée au Conseil d'administration par M. de Montalembert. Il la défendit à plusieurs reprises, avec cette chaleur entraînante qu'il portait dans tous ses discours, et que les assemblées parlementaires ont si souvent applaudie. Mais le manuscrit original, base nécessaire du travail à entreprendre, ne nous appartenait pas : durant nos délibérations, il était devenu la propriété d'un libraire d'une rare intelligence, notre confrère, M. Hachette, qui se réservait l'honneur de l'utiliser lui-même dans l'intérêt des études historiques. Nous n'avons donc pas pu donner suite au projet de M. de Montalembert. Il a dû s'en consoler en voyant paraître la nouvelle édition de 1856, confiée aux soins de M. Chéruel ; et, s'il avait conservé quelque regret, quelle satisfaction n'aurait-il pas ressentie, comme nous l'avons éprouvée nous-mêmes, en présence des trois premiers volumes de l'édition vraiment magistrale, entreprise par notre collègue M. de Boislisle, avec une supériorité de critique et d'érudition que tous les juges compétents ont admirée !

Nous avons toujours su beaucoup de gré de leurs communications aux auteurs des propositions qui nous étaient soumises, alors même que ces propositions n'avaient pas de résultat ; nous éprouvons une reconnaissance encore plus vive pour les zélés collaborateurs qui nous sont arrivés des différents points de l'horizon. Ils ont exploré avec un admirable zèle, au profit d'une œuvre que nous osons appeler patriotique, toutes les époques de la vie nationale, les uns le moyen âge, les autres la Renaissance et le seizième siècle, ceux-là les temps modernes. Sans la constance de leur dévouement aux études historiques, notre Société serait demeurée impuissante et stérile ; elle n'offrirait pas aux études et à l'admiration du monde savant cette collection de monuments qui prouve que, dans la patrie des Bénédictins, leur tradition a trouvé, de nos jours, malgré tant de préoccupations étrangères à la science, des continuateurs dignes d'eux.

Mais comment oublier les services qu'ont rendus à notre Société les Comités qu'elle avait institués dans son sein, le Comité des publications et le Comité des fonds?

Les efforts individuels qui se rapportent à une œuvre commune sont d'autant plus efficaces qu'ils sont réglés et coordonnés. Le Comité de publication était saisi de tous les projets soumis au Conseil. Il en appréciait la valeur, l'étendue, l'opportunité. Il les modifiait fréquemment, tantôt par des suppressions, tantôt par des additions jugées nécessaires pour les compléter. Il a compté successivement parmi ses membres M. Benjamin Guérard, M. Charles Le Normant, MM. de Wailly, Ravenel, Magnin, Quicherat, Bordier, Léopold Delisle, Egger, Chéruel, Lascoux, le marquis de Beaucourt. Depuis vingt-deux ans, il est présidé par M. Léopold Delisle, et, dans l'inépuisable érudition, dans la critique judicieuse de son président, combien d'éditeurs n'ont-ils pas trouvé d'indications, disons mieux, de directions utiles, offertes avec autant de bonne grâce que de compétence!

Le Comité des fonds avait de son côté une tâche qui n'était pas sans importance ni sans difficulté; c'était, quand une décision avait été prise, d'aviser aux moyens d'exécution, en maintenant exactement la balance entre la dépense et la recette. Cette mission n'avait en elle-même rien de scientifique, rien qui ajoutât à notre connaissance du passé; qui ne sait cependant qu'une bonne administration économique est indispensable pour le succès des Sociétés qui se vouent avec le plus d'abnégation au culte de la science? Pendant près de vingt ans, notre Comité des fonds a été présidé par M. Jean Duchesne, conservateur du département des estampes à la Bibliothèque impériale. Au goût des arts et à des connaissances spéciales dont il a donné la preuve dans plusieurs écrits très estimés, M. Duchesne alliait un grand esprit d'ordre et d'exactitude. Il porta ces qualités, si précieuses chez un administrateur, dans le classement des estampes de la Bibliothèque, et il en a fait profiter notre comptabilité. Nous saisissons avec empressement l'occasion de saluer la mémoire de ce vénéré et savant collègue. Après M. Duchesne, décédé en 1855, les fonctions qu'il avait remplies furent confiées à M. de la Villegille, auquel succéda en 1874 M. Bellaguet, déjà membre du Comité depuis vingt-cinq ans. On a loué certain ministre des finances de se montrer féroce dans la défense des intérêts du trésor public. M. de la Villegille et ses collègues ont mérité de notre part le même éloge. Quel que fût l'intérêt d'une publication, quelque honneur qui dût en rejaillir tant sur l'auteur que sur notre Société, ils ont toujours eu le difficile courage de s'y opposer quand ils ont jugé qu'elle imposait à nos modestes ressources une charge trop lourde.

Une société littéraire, à la fondation de laquelle une grande pensée a présidé, se constitue à peu de frais, et son administration n'est pas dispendieuse. Il en coûte davantage pour faire paraître un volume, et surtout pour en publier cinq par an, comme la Société de l'Histoire de France y est peu à peu arrivée. J'ai fait le compte de ses dépenses année par année; elles ont été sagement conduites par le Comité des fonds, de manière à ne jamais dépasser les recettes. Le Comité, et, à son exemple, nos Conseils d'administration successifs ont toujours gardé la sainte et salutaire horreur du déficit. Pendant les dix premières années, la Société a dépensé 103,569 francs, un peu plus de 10,000 francs par an; pendant les dix années suivantes, 158,233 francs, un peu plus de 15,000 francs par an. De 1854 à 1863, la dépense a été de 218,439 francs, soit par an 21,800 francs; de 1864 à 1873, elle s'est élevée à 232,419 francs, soit par an 23,200 francs; enfin, de 1874 à 1883, elle a dépassé 268,000 fr., soit par an 26,800 fr.

Comment avons-nous pourvu à ces charges croissantes? Avec nos cotisations et avec le produit de la vente de nos volumes. La subvention en argent que, dans l'origine, la Société recevait du Gouvernement, s'est transformée, depuis de longues années, en une souscription à trente exemplaires de ses publications. La Société a été reconnue, en 1851, comme établissement d'utilité publique; mais cette reconnaissance ne lui a pas profité : elle n'a reçu aucune donation, aucun legs. Elle a été abandonnée à ses propres forces, et elle a dû vivre de ses travaux et des sacrifices personnels de ses membres. Peut-être avait-elle mérité plus d'appui. En Angleterre, les sociétés qui sont utiles au pays et qui l'honorent trouvent des protecteurs, fiers de favoriser les efforts de ces Sociétés par d'intelligentes largesses. Pourquoi n'en est-il pas de même en France?

Mais, quelle qu'ait été la modicité des ressources dont la Société de l'Histoire de France a disposé, est-ce une illusion de croire, et une présomption de soutenir qu'elle a tenu jusqu'ici toutes ses promesses, qu'elle a rendu à la science et au pays tous les services qu'ils attendaient d'elle? Elle avait commencé modestement; elle a étendu peu à peu son action, à mesure que ses ressources croissaient avec le nombre de ses membres; elle ne l'a pas interrompue dans les plus mauvais jours; elle est prête pour de nouvelles entreprises, qui, selon notre espoir, seront dignes des anciennes.

Mais que d'ouvriers ont succombé à la tâche! On ne traverse pas un demi-siècle sans laisser le long du chemin, frappés par la mort, beaucoup d'amis. Parmi nos pertes les plus douloureuses, nous avons déjà cité M. le baron de Barante et M. Guizot. Mais, dans ces cinquante années, que d'autres confrères nous ont été ravis, dont les uns avaient contribué à la fondation de notre Société, dont les autres avaient pris la part la plus active à ses travaux et l'avaient honorée par les ouvrages qui portent leur nom !

Reportons-nous à la liste de ceux qui figuraient dans le Comité des fondateurs et qui ont signé l'appel adressé à tous les amis des études historiques et de la France : où sont-ils aujourd'hui ? Où sont M. Thiers, M. le chancelier Pasquier, le comte Molé, le comte Beugnot, M. Letronne, M. Guérard, M. Monmerqué, M. Vitet, M. Alexandre Teulet, M. Raynouard ? Un seul survivait il y a deux mois, et représentait encore ces nobles esprits avec l'autorité et l'illustration qui s'attachent à une longue vie et à un admirable talent consacrés aux lettres françaises : M. Mignet. La mort vient de nous l'enlever presque subitement, lorsque, malgré son grand âge, il paraissait réservé à de plus longs jours. Il laisse du moins des ouvrages qui sont des modèles et qui apprendront à nos derniers neveux l'art de faire revivre les évènements passés et la biographie des serviteurs du pays dans des écrits intéressants, élevés sans emphase, élégants sans affèterie, animés du souffle du patriotisme sans être jamais infidèles à la vérité.

Nous venons de payer un souvenir à la mémoire de nos fondateurs. Mais, dans les rangs de ceux qui se sont associés d'année en année à leur pensée, qui ont soutenu, affermi, développé leur œuvre, combien la mort n'a-t-elle pas fait de vides ! Depuis 1863 seulement, nous avons perdu MM. Magnin, Hase, de Tracy, Delécluze, Hennin, Arthur Dinaux, Ampère, Hachette, Victor Le Clerc, Albert Dutens, le duc d'Harcourt, le duc de Luynes, le duc de Fezensac, Taillandier, Vallet de Viriville, le comte Duchâtel, Adolphe Chasles, le baron de la Fons de Mélicocq, Félix Bourquelot, François Delessert, le marquis Léon de Laborde, Berryer, le comte de Montalembert, Le Roux de Lincy, Villemain, Prosper Mérimée, Mortimer-Ternaux, Alphonse Feillet, Édélestand Duméril, Albert de Roissy, le comte Achmet d'Héricourt, de

Caumont, Antoine Passy, de Lépinois, Gustave Réal, le comte Franz de Champagny, Léopold Pannier, Arthur de la Villegille, Rathery, Guessard, Brunet de Presle, Patin, le marquis de la Grange, Lascoux, Étienne Pichon, le vicomte Cornudet, de Cailleux, le marquis de Godefroy-Ménilglaise, Edgard Boutaric, le premier président de Royer, Paravey, Flandin, Eugène Cauchy, Lot, de Bouis, Naudet, Paul Raymond, Saint-René Taillandier, Émile Pépin Le Halleur, le général Renard, Isaac Chauffour, le comte de Montalivet, A. Canel, le docteur Laloy, l'abbé Michel Houssaye, Dufaure, Duvergier de Hauranne, Félix Courtat, Édouard Garnier, Ernest Semichon, Joseph Guadet, Pierre Floquet, le baron James de Rothschild, Jules Quicherat, Defrémery. Il y a quelques mois, la mort nous enlevait encore M. François Le Normant, frappé dans la force de l'âge, plein de jours et d'espérance, et M. Henri Martin, l'auteur de la grande *Histoire de France* à laquelle n'ont manqué ni les suffrages de l'Académie française, ni le prestige de la popularité. Elle atteignait notre Conseil d'administration en la personne de l'un de ses membres les plus anciens et les plus actifs, M. Bellaguet, qui faisait partie de notre Société depuis 1838, qui était entré au Comité des fonds en 1851 et en était devenu président à la mort de M. de la Villegille. Cet excellent collègue nous apportait un concours d'autant plus précieux, qu'il avait publié un grand ouvrage historique, la *Chronique du moine de Saint-Denis*, remplie des informations les plus curieuses sur le règne de Charles VI, et qu'il joignait à l'amour des lettres l'expérience que donne le long exercice de hautes fonctions administratives. Sa mort a été un deuil pour notre Société.

J'ai cité beaucoup de noms, et j'en omets un bien plus grand nombre : comment pourrais-je être complet sans donner à ce nécrologe une étendue démesurée?

Mais quand, après avoir relevé nos pertes, nous jetons les

yeux sur la liste actuelle de nos confrères, qui de nous n'éprouve une satisfaction intime, un vrai bonheur, à y retrouver le nom de celui que, dès sa première séance, notre Société avait choisi pour secrétaire, et à qui, depuis lors, cette délégation a été renouvelée sans interruption : M. Jules Desnoyers? Si M. Desnoyers ne figure pas parmi les fondateurs de la Société de l'Histoire de France, il est venu, dès la première heure, prendre place parmi ses adhérents, et on peut dire qu'il a été l'âme de ses travaux, l'agent le plus actif de ses progrès. Les premiers volumes du *Bulletin* sont à peu près exclusivement dus à sa plume, et il les a enrichis d'une bibliographie qui peut encore aujourd'hui être consultée avec fruit. Il a inséré dans nos *Annuaires* les premières parties d'une *Topographie ecclésiastique de la France* qui est un vrai chef-d'œuvre d'érudition et qui lui a ouvert les portes de l'Institut. Mais, de tous les gages de zèle actif, de savoir étendu et varié qu'il nous a donnés, le principal, ce sont les rapports qu'il nous a présentés dans nos Assemblées générales. Là, chaque année, il nous expose avec la plus consciencieuse exactitude ce que nous avons fait et ce qui nous reste à faire, les publications achevées, les publications en cours d'exécution, et celles qui ne sont encore qu'une promesse. Ces rapports annuels, remplis des indications les plus précises, ont couru la France et l'Europe ; ils ont porté partout le nom de notre Société et la connaissance de ses travaux, et, en ajoutant à la considération que nous nous efforçons de mériter, ils ont contribué à l'avancement des études historiques. M. Jules Desnoyers a bien mérité de la science et de nous-mêmes. Puisque nous célébrons en 1884 le Cinquantième anniversaire de la fondation de la Société de l'Histoire de France, ne nous montrons pas ingrats ni oublieux. Je crois répondre au sentiment unanime de nos confrères en offrant à M. Jules Desnoyers l'expression de notre commune reconnaissance ; et, pour qu'il en conserve un témoignage plus durable que de simples paroles, nous le prions d'accepter ce volume, fruit de la collaboration de beaucoup d'entre nous et image à peu près fidèle de la variété de nos travaux. C'est un monument de famille auquel chacun a voulu apporter sa pierre pour honorer la verte vieillesse du plus savant, du plus dévoué et du plus vénéré des confrères.

Paris, 10 mai 1884.

Charles JOURDAIN.

Nogent-le-Rotrou, imprimerie Daupeley-Gouverneur.